[en harmonie]

1er cycle du primaire

Lily Cloutier
Patrick St-Jacques

Mélodie

Éthique et culture religieuse

Manuel de l'élève
B

MODULO

Nous reconnaissons l'aide financière du gouvernement du Canada par l'entremise du Programme d'Aide au Développement de l'Industrie de l'Édition (PADIÉ) pour nos activités d'édition.

Équipe de production

Chargée de projet : Pascale Couture
Révision linguistique : Marie Théorêt
Révision scientifique : Fernand Ouellet
Correction d'épreuves : Katie Delisle
Photographie : p. 24 The Annunciation, c.1438-45 (fresco) by Fra Angelico (Guido di Pietro) (c.1387-1455) Museo di San Marco dell'Angelico, Florence, Italy/The Bridgeman Art Library ; p. 46 Maesta : The Three Maries at Christ's Tomb, 1308-11 by Duccio di Buoninsegna (c.1278-1318) Museo dell'Opera del Duomo, Siena, Italy/ The Bridgeman Art Library.
Illustrations : Patrick Bizier : Couverture, p. 1, 3-6, 8-12, 14-23, 27-34, 36-39, 42-43 ; Roxane Fournier : 40-41, 44-46, 48-52.
Montage : Pige communication
Maquette et couverture : Marguerite Gouin
Coordination graphique : Marguerite Gouin

Il est à noter que les termes propres à chaque tradition religieuse peuvent s'écrire d'autres façons que celles retenues dans le présent manuel.

Groupe Modulo est membre de l'Association nationale des éditeurs de livres.

En harmonie
Mélodie – Manuel de l'élève B

© Groupe Modulo, 2008
233, avenue Dunbar
Mont-Royal (Québec)
Canada H3P 2H4
Téléphone : 514 738-9818/1 888 738-9818
Télécopieur : 514 738-5838/1 888 273-5247
Site Internet : www.groupemodulo.com

Dépôt légal — Bibliothèque et Archives nationales du Québec, 2008
Bibliothèque et Archives Canada, 2008
ISBN 978-2-89593-998-6

Imprimé au Canada
1 2 3 4 5   12 11 10 09 08

TABLE DES MATIÈRES

Réfléchir sur des questions éthiques, c'est...

- ✿ Prendre connaissance des situations qui te sont présentées.
- ✿ Reprendre dans tes mots une question éthique.
- ✿ Comprendre ce qui se passe dans la situation.
- ✿ Comparer ton point de vue avec celui de tes pairs.

- ✿ Proposer des pistes d'actions possibles en lien avec les situations.
- ✿ Nommer des effets qui pourraient découler des actions proposées.
- ✿ Choisir les actions qui favorisent le vivre-ensemble.
- ✿ Réfléchir sur le bien-fondé de ces choix.

- ✿ Examiner des repères pour comprendre les différents points de vue.
- ✿ Chercher le rôle de ces points de vue.

> **Manifester une compréhension du phénomène religieux, c'est…**

✿ Nommer des expressions du religieux.

✿ Explorer ces expressions afin de mieux les comprendre.

✿ Faire des liens entre ces expressions et leur tradition d'origine.

✿ Découvrir des expressions du religieux dans ton environnement.

✿ Relier ces manifestations avec des éléments de la culture et de la société dont tu fais partie.

Une expression du religieux, c'est un élément, présent dans ton milieu ou dans la société, qui appartient à une ou plusieurs dimensions d'une religion. Une église et la fête de Noël en sont des exemples.

Une vision du monde, c'est la manière dont tu te perçois et dont tu perçois les autres. Cela influence tes pensées, tes sentiments et tes actions. Cette vision est appelée à se transformer au fil du temps.

✿ Explorer différentes façons d'agir dans diverses traditions religieuses et dans la société.

✿ Nommer des comportements appropriés face à cette diversité.

Pratiquer le dialogue, c'est…

✿ Lorsque tu discutes et échanges des idées et des questionnements avec une ou plusieurs personnes. Ces échanges pourront permettre de faire progresser tes réflexions.

Il y a des règles à respecter pour que cela se passe bien.

✿ Garder le silence et trouver en toi des idées et des questionnements que tu pourras partager avec d'autres.

Les histoires proposées dans ce manuel te permettront de réfléchir et de dialoguer.

Quand tu verras une question indiquée comme ceci ▓, tu sauras que c'est le moment de **dialoguer**.

Voici quatre règles à respecter lorsque tu dialogues avec tes camarades :

J'essaie de comprendre le sujet du dialogue.

J'attends mon tour pour prendre la parole.

Je donne mon idée en respectant les autres.

J'écoute et je regarde la personne qui parle.

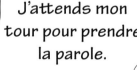
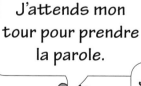

Unité 1

UN TEMPS POUR DIRE MERCI

L'automne est une saison riche en activités de toutes sortes.

C'est aussi le temps des dernières récoltes de l'année.

As-tu déjà remarqué tout ce que la nature t'apporte ?

* La terre nourrit les humains et assure leur survie.

* Devant tant d'abondance, les humains ont le cœur à la fête. Depuis très longtemps, ils soulignent la fin des récoltes par des fêtes religieuses et des traditions diverses.

1

L'AUTOMNE

L'automne est une saison
pleine de couleurs.
Aimes-tu l'automne?

1 **Quelles activités pratiques-tu à l'automne?**

L'automne est une saison où l'on célèbre divers événements.

2 **Connais-tu des fêtes que l'on célèbre à l'automne? Nommes-en quelques-unes.**

PARTAGER UN REPAS

Que prépare Mélodie ?

Bonjour. Tu peux venir jouer à la maison avec moi ?

Non ! Je ne peux pas aujourd'hui. Je prépare un repas spécial avec maman.

Mélodie voudrait bien jouer avec son amie, mais elle ne peut pas.

Grand-maman et grand-papa viennent manger à la maison.

1 **Pourquoi invite-t-on des gens à partager un repas ?**

DES RÉSERVES POUR L'HIVER

Plusieurs personnes profitent de l'automne pour cuisiner et faire le plein de bonne nourriture. C'est une autre façon de célébrer l'abondance de la nature.

> *J'aime l'automne. Les feuilles des arbres changent de couleur. C'est le temps d'aller cueillir des pommes. Chaque année, nous y allons en famille. C'est vraiment agréable.*

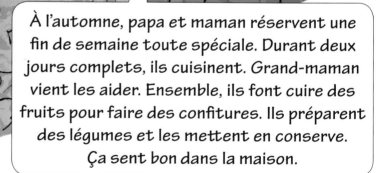

> *À l'automne, papa et maman réservent une fin de semaine toute spéciale. Durant deux jours complets, ils cuisinent. Grand-maman vient les aider. Ensemble, ils font cuire des fruits pour faire des confitures. Ils préparent des légumes et les mettent en conserve. Ça sent bon dans la maison.*

1 Chez toi, y a-t-il un événement qui ne se déroule qu'à l'automne? Raconte-le.

La nature est précieuse. Grâce à elle, les humains peuvent se nourrir et être en santé.

L'automne donne l'occasion de se rendre compte de l'abondance de la nature.

L'ACTION DE GRÂCE

Voici comment Grand-papa Louis fêtait l'Action de grâce quand il était enfant.

Pour les catholiques et les protestants, l'Action de grâce est l'occasion de remercier Dieu, de lui rendre grâce. L'abondance de la nature est pour eux un signe que Dieu prend soin des humains.

Lorsque j'étais enfant, ma famille et moi, nous cultivions la terre. Tout le monde travaillait dur, chacun faisait sa part. Au printemps et à l'été, nous préparions la terre, semions les graines et entretenions les plantes. Puis, c'était le temps des récoltes. Grâce à la nature et à notre travail, nous amassions les fruits, les légumes et les céréales, qui allaient former nos réserves de nourriture pour toute l'année. En octobre, à la fin des récoltes, nous organisions un grand repas, le repas de l'Action de grâce. C'était l'occasion de remercier le bon Dieu pour toute cette nourriture. C'était une très belle fête.

Encore aujourd'hui, un jour de congé marque la fête de l'Action de grâce.

1 **Que connais-tu de cette fête?**

5

LA CABANE DE MÉNI

Mélodie et Méni parlent-ils de la même chose ?

En fin de semaine, j'ai construit une cabane dans la cour avec mon père !

Super ! J'en ai déjà fait une avec mon grand-père. On a construit un abri dans le gros arbre derrière chez lui.

Les juifs célèbrent une fête importante à l'automne. La fête de Sukkoth. Certains l'appellent aussi la fête de la moisson.

Ha bon ! C'est bizarre ! Chez moi, ce n'est pas dans les arbres que l'on fête la Sukkoth.

La fête de quoi ?

Il arrive que des activités semblables n'aient pas la même signification.

1 Qu'y a-t-il de semblable entre ce que racontent Méni et Mélodie ?

La fête de Sukkoth

La fête de Sukkoth a lieu à l'automne. Cette fête juive est l'occasion de célébrer les récoltes. On l'appelle également la fête de la moisson ou la fête des cabanes. C'est une fête pleine de joie. Elle commémore un événement que les juifs, qu'on appelait alors hébreux, auraient vécu il y a très longtemps.

Les juifs étaient alors dans le désert. Ils cherchaient un pays où ils pourraient s'installer et vivre paisiblement. Leur attente dura 40 ans. Pendant tout ce temps, les juifs s'abritaient dans de simples huttes. Chaque jour, avec le soutien de Dieu, ils trouvaient leur nourriture.

En souvenir de ces années et pour représenter la protection que Dieu leur accorda alors, certains juifs construisent encore aujourd'hui une petite cabane dans le jardin, sur le balcon et même dans l'appartement : la soukkah. Pendant une semaine, on y mange et certains y dorment. À l'intérieur, des grappes de raisin et d'autres produits des récoltes sont suspendus. Ils symbolisent les richesses de la terre. Pour eux, cette richesse est un signe de la générosité de Dieu.

LE RITUEL DE PILIP

Pilip est Micmac. Observe ce qu'il fait.

> Merci à toi, Esprit du Grand Créateur.
> Merci pour tout ce qui vit.
> Merci aussi à toi, notre Mère la Terre.
> Merci pour tout ce que tu nous donnes.
> Merci à l'Esprit des plantes et à l'Esprit
> des animaux qui assurent notre survie.

Que ce soit sous forme de prière, lors d'un repas ou à l'occasion d'une activité spéciale, dire merci, c'est reconnaître l'importance de ce que l'on reçoit.

C'est reconnaître l'abondance de la nature et l'importance d'en prendre soin.

1 La terre fournit beaucoup d'éléments qui assurent la survie des humains. Nommes-en quelques-uns.

2 Que pourrais-tu faire pour prendre soin de la terre? Formule ta réponse sous forme de jugement de prescription.

Unité 2

POUR LA VIE

Tu nais, tu grandis, tu vieillis…

La vie se compose
d'une série d'événements.

Aimerais-tu
que ta vie ne
s'arrête jamais ?

Connaître le cycle de
la vie nous permet
de mieux comprendre
ce qui vit.

L'ALBUM SOUVENIR

Mélodie et Clara semblent bien intéressées.
Que font-elles ?

1 **Pourquoi conserve-t-on des photos ?**
Que nous racontent-elles ?

Une image te parle sans utiliser de mots.

Les photos nous racontent des histoires de vie.

C'EST EXTRAORDINAIRE !

La vie comporte des étapes.
Quelle étape cette image présente-t-elle ?

Que ce soit pour un humain ou pour tout autre être vivant, la naissance est une étape grandiose du cycle de la vie.

C'est le début d'un parcours unique.

Ton arrivée dans le monde des vivants n'a rien de banal.
Sans doute, a-t-elle changé le cours de la vie de tes parents.

1 **D'après toi, en quoi l'arrivée d'un enfant peut-elle changer la vie d'un parent ?**

DES APPRENTISSAGES

Dès leur naissance, tous les êtres vivants ont des besoins particuliers.

En grandissant, tu découvres et apprends une foule de choses.

1 **Quels sont les besoins d'un nouveau-né et qui peut y répondre?**

2 **Aujourd'hui, quels sont les besoins auxquels tu peux répondre toi-même?**

3 **Donne ta définition de l'autonomie.**

LE CARROUSEL DE LA VIE

Tout ce qui vit sur la Terre suit un cycle bien établi.
Observe attentivement l'image ci-dessous.

1 **Quelles étapes remarques-tu dans cette image?**

Un cycle est une suite d'étapes qui se déroulent dans un ordre précis. Lorsqu'on arrive à la dernière étape de la suite, un autre cycle recommence. C'est comme cela sans fin.

JOUONS

DES CYCLES DE VIE

Observe bien cette image.

Imagine les autres étapes du cycle de vie de cette plante.

Naître, grandir, s'épanouir et mourir. Voilà les grandes étapes du cycle de la vie.

C'est ainsi pour tout ce qui vit.

L'HUMAIN, VIVANT MAIS DIFFÉRENT

Voici d'autres photos pleines de vie.
Que représentent-elles?

Au fil de sa vie, pour être heureux, l'être humain
accomplit divers projets.

Contrairement aux autres êtres vivants, l'être humain a une particularité bien à lui.

Entre la naissance et la fin de sa vie, l'humain recherche le bonheur.

1 Nomme quelques-uns de tes projets.

2 Quelles forces possèdes-tu pour les réaliser?

3 Quel métier aimerais-tu exercer plus tard?

LES SIGNES DU TEMPS

Le corps humain est fait de chair et d'os. Il n'est pas un robot.
Regarde ce qui suit.

1 À quels signes reconnais-tu une personne âgée?

2 En quoi les personnes âgées sont-elles différentes des enfants?

L'apparence du corps humain change sans cesse.
C'est l'effet du temps.

M. VICTOR

On vient de recevoir cette lettre pour toi.

Salut mon jeune ami!

Je t'écris cette lettre parce que j'ai besoin de toi. Veux-tu m'aider?

Je te raconte… L'autre jour, j'ai entendu des paroles tellement dures que le chagrin est venu habiter mon cœur. J'étais en file au supermarché, j'attendais mon tour pour payer mes emplettes. Une dame s'est faufilée rapidement devant moi. Elle a pris mon tour pour payer à la caisse. En chuchotant, elle a dit à la caissière: «Ce vieux monsieur peut attendre. Il n'a que ça à faire, attendre. Moi, je suis pressée!»

J'aimerais savoir si, toi aussi, tu crois que les personnes âgées n'ont rien d'autre à faire qu'attendre. Notre vie est-elle moins importante parce qu'on est vieux?

Merci de prendre le temps de me répondre.

Monsieur Victor

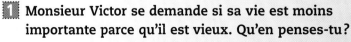

1 Monsieur Victor se demande si sa vie est moins importante parce qu'il est vieux. Qu'en penses-tu?

2 Ce texte contient une généralisation abusive. Trouve-la.

DIS, MAMAN...
POURQUOI ?

Certains événements font partie du cycle de la vie.
Il y en a qui sont plus difficiles à comprendre que d'autres.

C'est injuste que Mobby soit mort !

Pourquoi tu es mort ? Je t'aimais tant !

Au revoir, Mobby. Je ne t'oublierai jamais.

1. Raconte une situation que tu as déjà vécue qui ressemble à ce que la famille Bergeron vient de vivre.

2. Imagine une autre réaction possible face à la mort de Mobby.

3. Est-ce important pour toi de faire quelque chose quand un animal que tu aimes meurt? Pourquoi?

DANS MON CŒUR POUR TOUJOURS

La vie est précieuse. Les personnes qui nous entourent le sont aussi. Certains événements nous aident à en prendre conscience.

1 Pourquoi est-on triste quand une personne qu'on aime meurt?

2 Quel sentiment éprouvent Clara et Mélodie l'une pour l'autre?

La mort fait partie du cycle de la vie. Tous les êtres vivants mourront un jour. La vie est ainsi faite.

3 Que penses-tu de cette affirmation?

Unité 3

DES ÉVÉNEMENTS MARQUANTS

Certains événements ont plus d'importance que d'autres.

Ils peuvent provoquer toutes sortes d'émotions.

Qu'est-ce qu'un événement marquant ?

* Certains événements nous rendent heureux.
* Parfois, ils changent notre vie.

LA BOÎTE AUX LETTRES

Le facteur est passé.
Il a laissé quelques lettres.
L'une d'elles semble spéciale.
Que pourrait-elle contenir ?

1 **As-tu déjà reçu du courrier ?**

2 **À quelle occasion ?**

Parfois, des nouvelles nous arrivent par courrier.

3 **Connais-tu d'autres façons d'annoncer des nouvelles ? Lesquelles ?**

UN PREMIER PRIX

Les nouvelles nous sont transmises de toutes sortes de façons.
Observe bien la scène.

Les nouvelles peuvent provoquer différentes émotions.

2 D'après toi, quels sentiments madame Cardinal ressent-elle lorsqu'elle apprend cette nouvelle ?

NADIA ET FADI

Nadia et Fadi s'aiment beaucoup et souhaitent avoir un bébé depuis très longtemps. Mais le bébé ne vient pas. Nadia et Fadi sont tristes. Après trois années d'attente, ils vont rencontrer le médecin. Ils espèrent cette fois recevoir une bonne nouvelle.

Toutes les nouvelles n'ont pas la même importance. Certaines nous rendent heureux. Elles nous donnent envie de faire la fête. Parfois, une nouvelle peut changer notre vie.

1 **Aimerais-tu avoir des enfants plus tard? Pourquoi?**

GABRIEL LE MESSAGER

Observe bien cette image.

L'Annonciation, un tableau de Fra Angelico.

1 **Décris cette image.**

L'Annonciation

Voici une histoire dans laquelle est annoncée une bonne nouvelle qui va changer la vie des gens. Cette histoire est importante pour les chrétiens.

Il y a très longtemps, dans le village de Nazareth, vivait une jeune femme appelée Marie. Elle était fiancée à Joseph.

Un jour, un ange du nom de Gabriel vint chez elle pour lui annoncer une bonne nouvelle. Il lui dit qu'elle donnerait naissance à un enfant nommé Jésus, qui serait extraordinaire. Il serait le fils de Dieu. Il dit aussi que Jésus serait le grand Roi que son peuple attendait et que son pouvoir serait sans fin.

1 **Selon toi, comment Marie a-t-elle réagi à cette nouvelle?**

2 **Qu'est-ce qu'un ange?**

Dans ce récit, Marie reçoit une nouvelle très spéciale: elle donnera naissance à un enfant, le fils de Dieu, qui viendra habiter parmi les hommes et les femmes.

La façon dont cette nouvelle est transmise est aussi unique.

Tout ce qui entoure la naissance de ce bébé, Jésus, est important pour les chrétiens.

Cette naissance est à l'origine d'une grande fête que nous connaissons bien aujourd'hui: Noël.

Le rêve de la reine Maya

Dans la religion bouddhique, il existe aussi une histoire qui raconte une naissance importante.

As-tu déjà entendu parler du Bouddha ?
Voici une histoire qui raconte sa naissance.

Il y a environ 2 600 ans vivait une reine qui s'appelait Maya.

Une nuit, elle fit un rêve étrange. Un éléphant blanc qui avait six défenses tournait trois fois autour d'elle et touchait son ventre avec l'une de ses défenses.

À son réveil, la reine était persuadée que cela annonçait qu'elle donnerait naissance à un enfant bien spécial. Par la suite, elle accoucha d'un garçon à qui on donna le nom de Siddhartha.

Une grande fête fut organisée pour souligner cette naissance. Pendant la fête, un vieux sage annonça un grand avenir pour ce nouveau-né. Il dit aussi que cet enfant deviendrait soit un grand roi, soit un grand maître que tous voudraient suivre.

1 **Quels éléments te surprennent dans cette histoire ?**

La révélation à Muhammad

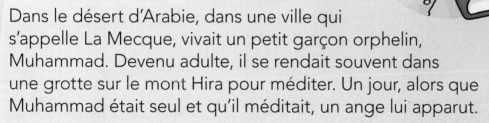

Soraya a une histoire à nous raconter. C'est une histoire très importante pour les musulmans.

Dans le désert d'Arabie, dans une ville qui s'appelle La Mecque, vivait un petit garçon orphelin, Muhammad. Devenu adulte, il se rendait souvent dans une grotte sur le mont Hira pour méditer. Un jour, alors que Muhammad était seul et qu'il méditait, un ange lui apparut.

L'ange lui dit : « Lis. »
Apeuré, Muhammad répondit : « Je ne sais pas lire. »
Une deuxième fois, l'ange lui dit : « Lis. »
Encore une fois, Muhammad affirma qu'il ne savait pas lire.
L'ange lui dit une troisième fois : « Lis, au nom de Dieu qui a tout créé. »

Dieu révéla à Muhammad le message divin. Muhammad devint le messager de Dieu et enseigna ce message aux autres. C'est ce message de Dieu qui se retrouve dans le Coran, le livre sacré des musulmans.

1 Compare les récits de l'Annonciation, de la reine Maya et de la révélation à Muhammad. Fais ressortir les ressemblances.

UN ÉVÉNEMENT HEUREUX

Depuis ta naissance, tu as vécu toutes sortes d'événements. Les événements sont parfois tristes, parfois heureux. Certains t'ont marqué d'une façon particulière.

1 **Raconte un événement heureux qui t'a particulièrement marqué.**

Unité 4

PORTRAIT DE FAMILLE

La famille est le premier lieu où tu apprends à vivre en groupe.

Quelle place occupes-tu dans ta famille ?

✿ Les liens qui unissent les membres d'une famille sont précieux.

✿ Pour être bien tous ensemble, chacun doit y mettre du sien.

UN NOYAU UNIQUE

Depuis ta naissance, diverses personnes t'entourent.
Certaines sont liées à toi d'une façon toute particulière.

Qui sont ces personnes ?

1 Illustre ton portrait de famille.

Il y a aussi des personnes qui ne vivent pas dans la même maison
que toi, mais qui font quand même partie de ta famille.

2 Qui sont ces personnes ?

Il n'est pas nécessaire d'aller très loin pour observer des modèles de famille différents.

Regarde ces photos de famille.

Il y a plusieurs modèles familiaux.

Maintenant, regarde plus près de toi.

3 Fais l'inventaire de tous les modèles familiaux que tu connais. Que remarques-tu?

EN FAMILLE

Observe la scène qui suit.
Que s'est-il passé ?

Marco est triste. Pendant la récréation, Olivier s'est moqué de lui et l'a traité de vaurien parce qu'il n'a pas de papa. Marco habite seul avec sa maman. Il ne connaît pas son papa. Marco pleure. Il croit qu'Olivier a raison. Mélodie tente de le consoler. Elle ne sait pas quoi dire à son ami.

1 Décris la situation en nommant les caractéristiques importantes (qui, quand, quoi, où, pourquoi...).

2 Propose une piste de solution et nomme un effet possible.

3 De quoi a-t-on besoin pour former une famille ? Discutes-en avec tes camarades.

D'HIER À AUJOURD'HUI

Voici quelques photos de famille.
Que remarques-tu ?

1. Trouve une différence entre ces familles et la tienne.

2. Nomme une ou deux difficultés possibles dans les familles nombreuses.

3. Nomme un ou deux avantages possibles dans les familles nombreuses.

UN RÔLE, DES RESPONSABILITÉS

Antoine et Mélodie sont occupés.
Que font-ils?

Une règle indique ce qui est permis et ce qui ne l'est pas. Elle précise comment on doit agir. Généralement, lorsqu'on est en groupe, il y a des règles à respecter.

Dans chaque famille, si l'on veut que cela se passe bien, il y a des règles à respecter.

1 Dresse une liste de règles que tu dois respecter à la maison ou ailleurs.

2 Pourquoi ces règles existent-elles?

3 Dans quelles situations peut-on ne pas respecter une règle?

Les membres d'une famille ou d'un groupe dépendent les uns des autres.

4 Que comprends-tu de cette phrase?

ENSEMBLE

Regarde bien cette image.

1 **Qu'arrive-t-il si on retire une des mains?**

Dans une famille, chacun a une place importante. Chacun doit faire sa part.

Chaque membre d'un groupe a besoin des autres membres pour que tout fonctionne bien. Ils sont **interdépendants**.

DES RESPONSABILITÉS ET DES PERSONNAGES

Détermine les tâches qui peuvent être faites par chacun. Une même personne peut avoir plus d'une responsabilité.

Amalina

Pilip

Méni

Marco

Laurence

Monsieur Morin

- Corriger les travaux
- Écrire la date au tableau
- Distribuer les manuels
- Mettre les chaises sur les pupitres
- Écouter les explications
- Arroser les plantes
- Expliquer un travail scolaire

2 Qu'arrive-t-il lorsqu'une personne dans un groupe ne fait pas sa part?

3 Dans quels cas serait-il acceptable qu'une personne ne fasse pas sa part?

QUE FAIRE ?

Amalina est bien déçue. Peux-tu l'aider ?

Marco et Mélodie vont glisser à la montagne cette fin de semaine avec leur famille. Amalina voudrait bien y aller aussi. Sa maman lui dit que la maison est très en désordre. Elle doit de plus terminer le ménage des garde-robes. Elle doit aussi préparer les repas de la semaine prochaine.

Amalina aime que la maison soit bien rangée. Et il est vrai que son garde-robe est si en désordre qu'elle ne sait plus quels vêtements porter : certains sont trop petits, d'autres sont introuvables. Elle aime aussi les délicieux repas que sa maman lui prépare.

La maman d'Amalina croit sincèrement qu'elle doit prévoir la fin de semaine pour faire tout cela. Amalina est déçue. Elle aurait tant aimé aller avec ses amis.

1 **Décris la situation et propose des solutions pour Amalina et sa maman.**

MONSIEUR BONHEUR

La valise de monsieur Bonheur est vide.
Veux-tu l'aider ?

Parfois, des disputes viennent assombrir la vie familiale.
On ne s'entend plus.

Monsieur Bonheur aide alors les familles. Dans sa valise, il garde plein
d'idées et de trucs pour que les relations entre les membres d'une
famille redeviennent harmonieuses.

Malheureusement, monsieur Bonheur s'est fait
voler toutes ses idées et ses trucs. Sa valise est
complètement vide.

Dans une famille,
le bonheur est
l'affaire de tous.
La part de chacun
est importante.

1 **Quels gestes peuvent rendre les relations
harmonieuses dans une famille ? Échange
tes idées avec tes camarades.**

Unité 5

ESPÉRER

Il arrive que l'on souhaite qu'une plante pousse et qu'elle donne de belles fleurs.

Espérer donne la force d'attendre qu'une chose se réalise.

> Que sais-tu de l'espoir ?

✿ **L'espoir est comme un rayon de soleil.**

✿ **Il réchauffe le cœur des humains et leur permet d'être patients.**

Le rythme des saisons

Lis cette légende autochtone. D'une façon spéciale, elle explique d'où viennent les saisons.

Un jour, un grand froid s'installa dans le pays des Wawaniki. Plus rien ne poussait dans les champs. Les gens mouraient de faim et de froid. Le chef des Wawaniki, Glouskap, entreprit un voyage afin de trouver la cause de ce grand froid. En route vers le nord, Glouskap rencontra le Géant de l'hiver. Ils discutèrent ensemble. Cette conversation permit à Glouskap de comprendre que c'était le géant qui avait plongé son village dans le froid. Mais avant que Glouskap ne puisse faire quoi que ce soit, il sombra dans un profond sommeil. Il dormit pendant six mois.

À son réveil, Glouskap vit un oiseau qui lui dit qu'au sud, il faisait toujours chaud et que là-bas, il trouverait sans doute une solution. Glouskap décida de se rendre sur la terre du Sud. Là, il rencontra Été, une femme avec de longs cheveux bruns. Une grande chaleur se dégageait d'elle. Glouskap lui raconta son histoire. Elle accepta alors de le suivre et de se rendre au nord convaincre le géant de cesser de refroidir le pays des Wawaniki.

Ensemble, ils rencontrèrent le Géant de l'hiver. Rapidement, le géant comprit qu'Été était plus puissante que lui. Aussi, Été et Hiver conclurent-ils un marché : ils se partageraient le pays des Wawaniki. Chacun y régnerait six mois par année. Depuis, à tour de rôle, l'hiver et l'été se succèdent.

1 Que souhaite Glouskap dans cette histoire?

2 Quel personnage serais-tu dans cette histoire? Pourquoi?

MIEUX SE COMPRENDRE

Un malentendu s'est installé dans la classe de Mélodie.
Comprends-tu ce qui se passe ?

> Quelle est votre fête préférée ?

> Moi, j'adore la fête de Pâques !
> C'est la fête du chocolat.

> Voyons, Amalina !
> Pâques est la fête de la résurrection de Jésus !

> Vous vous trompez toutes les deux !
> La Pâque est une fête juive. Elle nous rappelle la libération des juifs, la fin de leur esclavage.

1 Mélodie, Amalina et Méni parlent-ils de la même fête ? Discutes-en avec tes camarades.

2 Que se passe-t-il à Pâques ?

3 Dessine quelque chose qui te fait penser à Pâques.

Il existe différentes manières de célébrer ou de comprendre une fête.
La fête de Pâques en est un exemple.

Moïse et la libération

Voici une histoire qui raconte un moment important pour les juifs. Cette histoire permet de mieux comprendre la Pâque juive. Un des personnages du récit s'appelle Moïse. Le connais-tu ?

Il y a très longtemps, les juifs étaient les esclaves du roi d'Égypte, le pharaon. Moïse était juif. C'était un homme juste qui avait bon cœur. Un jour, alors qu'il prenait soin de son troupeau de moutons, Dieu apparut à Moïse sous la forme d'un buisson enflammé. Il lui dit : « Délivre ton peuple de l'esclavage, emmène-le jusqu'à une terre où il pourra vivre en paix. »

Pour obéir à Dieu, Moïse demanda au pharaon de libérer son peuple. Le pharaon refusa.

Dieu envoya alors toutes sortes de malheurs au peuple du pharaon. Malgré cela, le pharaon refusait de laisser partir les juifs. Moïse ne se découragea pas. Il incita les juifs à se sauver d'Égypte. Tous avaient très peur, mais ils croyaient que Dieu les aiderait. Ils s'enfuirent d'Égypte avec Moïse.

Ils arrivèrent devant la mer. L'armée du pharaon les pourchassait. Dieu dit à Moïse : « Ordonne à la mer de se séparer en deux afin que ton peuple puisse la traverser sans danger. » Aussitôt, Moïse donna cet ordre et la mer s'ouvrit pour laisser un passage sec aux juifs. Quand l'armée du pharaon tenta à son tour de traverser la mer, les eaux se refermèrent sur eux. Ils furent engloutis. Les juifs venaient de vaincre l'armée du pharaon. Ils étaient enfin libres.

1️⃣ **Pourquoi Moïse accepte-t-il de faire ce que Dieu lui demande ?**

2️⃣ **Que souhaitent les juifs en suivant Moïse ?**

Aujourd'hui, les juifs célèbrent la Pâque en souvenir de Moïse qui a libéré leurs ancêtres de l'esclavage. C'est une fête pleine d'espérance.

Un homme qui fait jaser

*Pour les chrétiens, Pâques est la fête
la plus importante de l'année.
Sais-tu d'où vient cette fête ?*

Tu connais Jésus. Tu as vu ce qu'on raconte de sa naissance.

Adulte, Jésus était un homme populaire auprès des gens de son pays.
Tous les jours, il leur parlait de Dieu et de la venue de son Royaume.
Parfois, il guérissait les malades. Beaucoup de personnes venaient
à sa rencontre et s'assemblaient pour l'écouter.

Cependant, il y avait aussi des personnes qui se sentaient menacées par certaines paroles et certains comportements de Jésus. Elles n'aimaient pas ce qu'il faisait. Elles le firent arrêter et condamner. Jésus est mort sur une croix.

Une œuvre de Duccio di Buoninsegna.

Jésus est mort un vendredi après-midi. Déjà le dimanche matin, des femmes et des hommes se rendirent à son tombeau et ne l'y trouvèrent pas. Ils l'auraient plutôt rencontré, bien vivant. Ils dirent alors à tous que Jésus était ressuscité des morts.

Depuis ce temps, la fête de Pâques est, pour les chrétiens, l'occasion de se souvenir de cette bonne nouvelle.

Pour les chrétiens, Pâques est la fête de la résurrection de Jésus. Cette fête rappelle que la vie peut l'emporter sur la mort. Elle est un message d'espérance envoyé à toute l'humanité.

1 **En quoi cette histoire en est-elle une d'espérance ?**

Unité 6

LE RENOUVEAU

On souhaite parfois la fin des classes.

On attend patiemment le retour
des journées chaudes.

À quels signes reconnais-tu que l'été arrive ?

❁ L'arrivée des
belles journées est
l'occasion de faire
toutes sortes de
nouveaux projets.

QUE SOUHAITES-TU RÉALISER ?

Que s'imagine Maman Clara ?

Il arrive que tu imagines des choses que tu souhaites très fort. Tu espères, tu attends patiemment que tes souhaits se réalisent.

1 Quel est ton souhait le plus cher ?

2 Qu'est-ce qui te permet de croire qu'un souhait peut se réaliser ?

UNE LISTE BIEN REMPLIE

Mélodie est occupée. Que prépare-t-elle ?

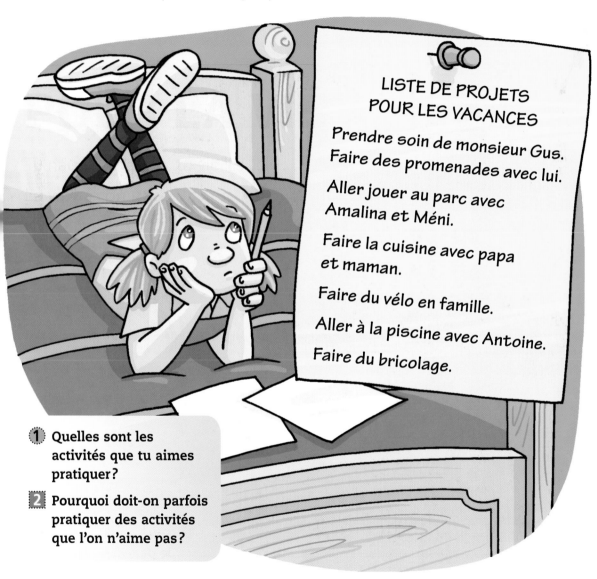

LISTE DE PROJETS
POUR LES VACANCES

Prendre soin de monsieur Gus.
Faire des promenades avec lui.

Aller jouer au parc avec
Amalina et Méni.

Faire la cuisine avec papa
et maman.

Faire du vélo en famille.

Aller à la piscine avec Antoine.

Faire du bricolage.

1. **Quelles sont les activités que tu aimes pratiquer ?**

2. **Pourquoi doit-on parfois pratiquer des activités que l'on n'aime pas ?**

Lorsque tu fais des projets, tu les organises en fonction des choses que tu aimes.

Tu planifies des activités qui te plaisent, qui t'apportent du bonheur.

UNE VALISE PLEINE D'ESPOIR

Que fait Mélodie ?

Avoir des projets, c'est agréable ! C'est comme une nourriture pour le cœur. On a hâte, on espère. Cela nous rend heureux.

1 **À ton avis, pourquoi Mélodie a-t-elle hâte aux vacances ?**

Mélodie a pris soin de faire le plein d'idées pour l'été. Cela lui a permis d'attendre jusqu'à la fin des classes. Elle transporte avec elle toutes sortes de beaux projets pour les vacances.

2 **Et toi, que feras-tu cet été pour être heureux ?**